IMPRESSUM

ISBN: 978-1729400616

© für die Werke von Alessandro Chiodo: VG Bild-Kunst, Bonn 2019.

AUSSTELLUNG:
Geschichten. Geheimnisse. Gesichter.

Malerei von ALESSANDRO CHIODO
16. Januar – 13. Februar 2019

AUSSTELLUNGSORT: Auslandsgesellschaft Dortmund
Auslandsgesellschaft.de | Steinstr. 48 | D-44147 Dortmund

Unter der Schirmherrschaft des Italienischen Konsulats in Dortmund.
Mit Unterstützung der Auslandsgesellschaft.de, Dortmund.

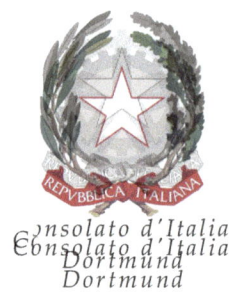

Consolato d'Italia
Dortmund

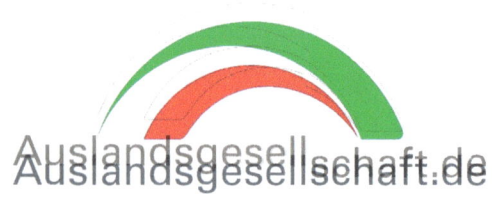

Geschichten. Geheimnisse. Gesichter.

Malerei von
ALESSANDRO CHIODO

16. Januar – 13. Februar 2019

Auslandsgesellschaft Dortmund

Kuratiert und herausgegeben von *Dieter Jaeschke*

Unter der Schirmherrschaft des Italienischen Konsulats in Dortmund.
Mit Unterstützung der Auslandsgesellschaft.de, Dortmund.

IM WALD DER GESICHTER

Gedicht von Alessandro Chiodo

Blätter wie Augen
im Wald der Gesichter
wo der Wind kaum weht
und die Lichter des Schattens
auf deinem Bildnis zittern
wie die Wimper des Meeres
wo die stürzende Welle
dein Haar zerzaust
wie vertraute Hand.
Vor deinem Angesicht
erhebt sich die Farbe
des Himmels wo die der Erde
seinen Saum bildet.
Es ist die Nacht deines Werdens
der Morgen deiner Ewigkeit.

Geschichten. Geheimnisse. Gesichter.

Zum Geleit.

Von Dieter Jaeschke

Geschichten. Geheimnisse. Es ist eine imaginäre Welt, in die uns Alessandro Chiodo in seiner jüngsten Ausstellung führt. Es ist die Welt der Assoziationen des Betrachters, denen faszinierende Frauengesichter reichlich Spielraum zur Entfaltung gewähren.

15 Gemälde, die in den vergangenen drei Jahren entstanden sind, stellt der Künstler in der Dortmunder Auslandsgesellschaft aus. Es ist seine zweite Ausstellung in der Westfalenmetropole, bereits im Spätherbst 2017 zeigte er einige seiner Werke im Italienischen Konsulat und präsentierte sich dort den kunstinteressierten Menschen im westfälischen Ruhrgebiet.

In einer Veröffentlichung, die im Frühjahr 2018 erschienen ist, nähern sich sechs Autorinnen und Autoren mit vielfältigem Hintergrund Chiodos Werk, sie alle finden einen sehr persönlichen und überaus individuellen Zugang dazu. Doch alle sind gleichermaßen fasziniert von der intensiven Farbenpracht und der Vielschichtigkeit der Bilder. Die Ausstellung ist eine offene Einladung an die Besucher, sich auf die bisweilen eindringlichen, zuweilen mysteriösen Blicke der Frauengestalten einzulassen. Von großem Format sind die Bildnisse, die den ewigen Konflikt des Abstrakten und des Figürlichen zu überwinden scheinen. "Ich habe in Italien eine klassische künstlerische Ausbildung genossen", sagt Chiodo, der in La Spezia aufgewachsen ist, an der Akademie der Schönen Künste in

Venedig studiert hat und seit 2011 im westfälischen Münster lebt. „Wenn man sich intensiv mit den Meistern der Renaissance beschäftigt, wird man zum realistischen Zeichner. Später habe ich mich dann mit den deutschen Expressionisten auseinander gesetzt, die Erfahrung dieser Widersprüche prägt nun meine Arbeit."

Ganz eindeutig ist der Künstler auch durch seine Heimat Ligurien geprägt, diesen Landstrich, wo die Natur zwischen Fels und Brandung kaum weiteren Platz gelassen hat. Aber immensen Farbenreichtum. Chiodo selbst nennt Ocker- und Orangetöne in ihren vielfältigen Nuancen, Türkis und Phthaloblau als Quelle von Inspiration und Freude. Auch mich haben bei meinem Besuch der ersten Dortmunder Ausstellung von Alessandro Chiodo diese intensiven Farben geradezu berauscht. Sie erinnerten mich an Sinneseindrücke in Mexiko. Starke Farben in flirrender Sonne. Indigo, Kobalt, Magenta, ein geradezu fluoreszierendes Grün. Ich sah die Sinnlichkeit Frida Kahlos und Diego Riveras und die Sinnenfreuen eines heißen Sommertages am Pazifik. Es sind Imaginationen, die man an einem Wintertag in Dortmund wahrlich gut gebrauchen kann.

Großer Dank gilt Martina Plum und Claudia Steinbach von der Auslandsgesellschaft Dortmund, die die Ausstellung in ihren schönen Räumlichkeiten erst ermöglicht haben, und dem Italienischen Konsul Dr. Franco Giordani für die Übernahme der Schirmherrschaft.

Dortmund, im Januar 2019

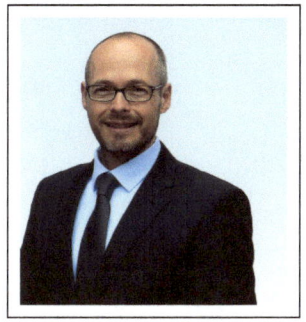

Dieter Jaeschke (geb. 1969 in Hattingen an der Ruhr) lebt als freier Journalist in Dortmund. Er schreibt seit seinem 17. Lebensjahr für Tageszeitungen, lange Zeit für die Westdeutsche Allgemeine (WAZ), seit 2016 für die Ruhr Nachrichten. Dieter Jaeschke hat Italianistik und Geschichte in Bochum und Florenz studiert und veröffentlicht im Reiseteil der Süddeutschen Zeitung. Während seiner beruflich veranlassten Auslandsjahre als Koordinator für das Deutsche Sprachdiplom (DSD) in Mexiko und in Rumänien erschien bei Dotbooks in München sein Lesebuch „Italienische Reisen" (2013).

1) 90 x 90 cm, Acryl, Gouache, Öl und Pigmente auf Leinwand.

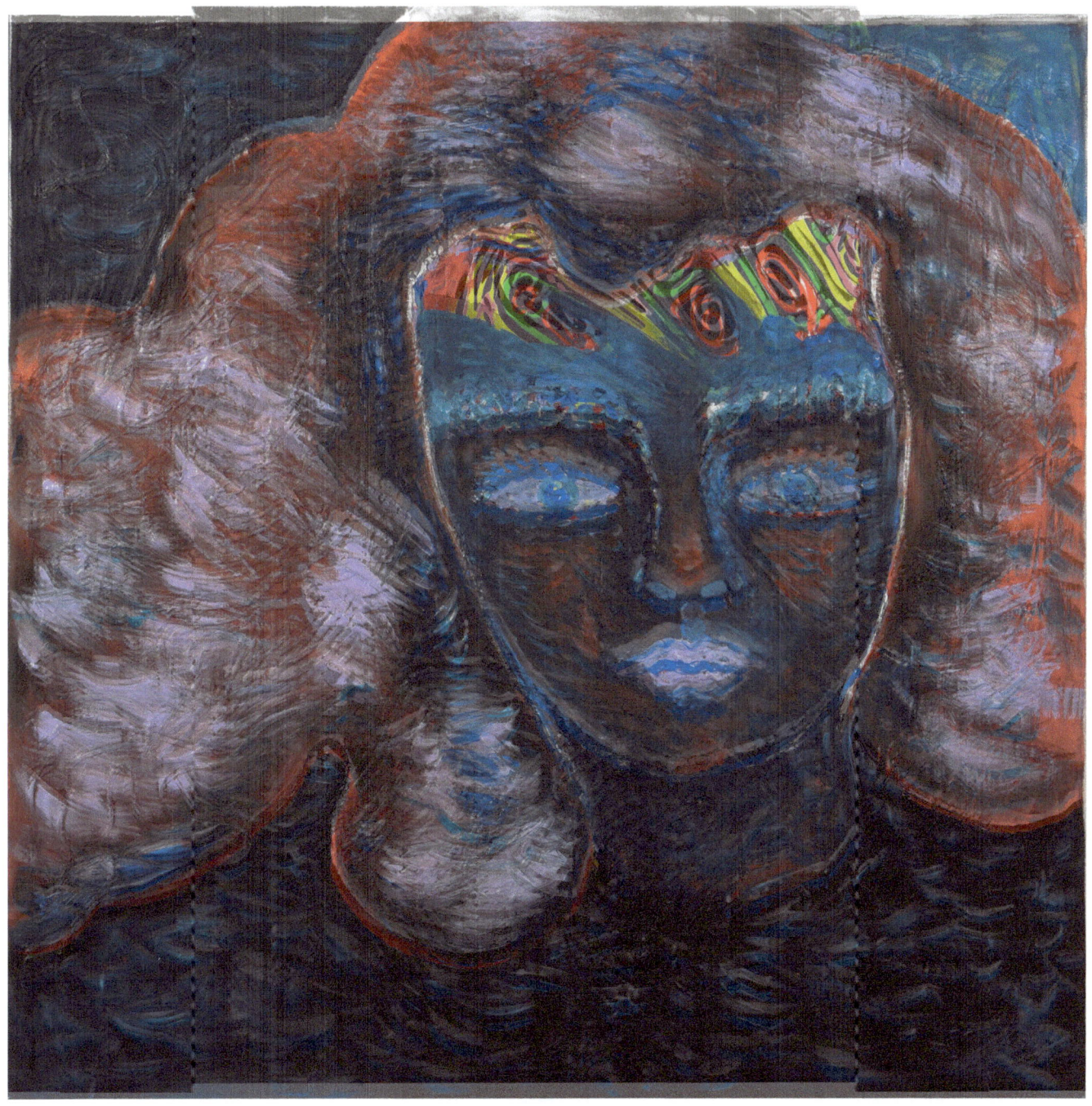

2) 90 x 90 cm, Acryl, Gouache, Öl und Pigmente auf Leinwand.

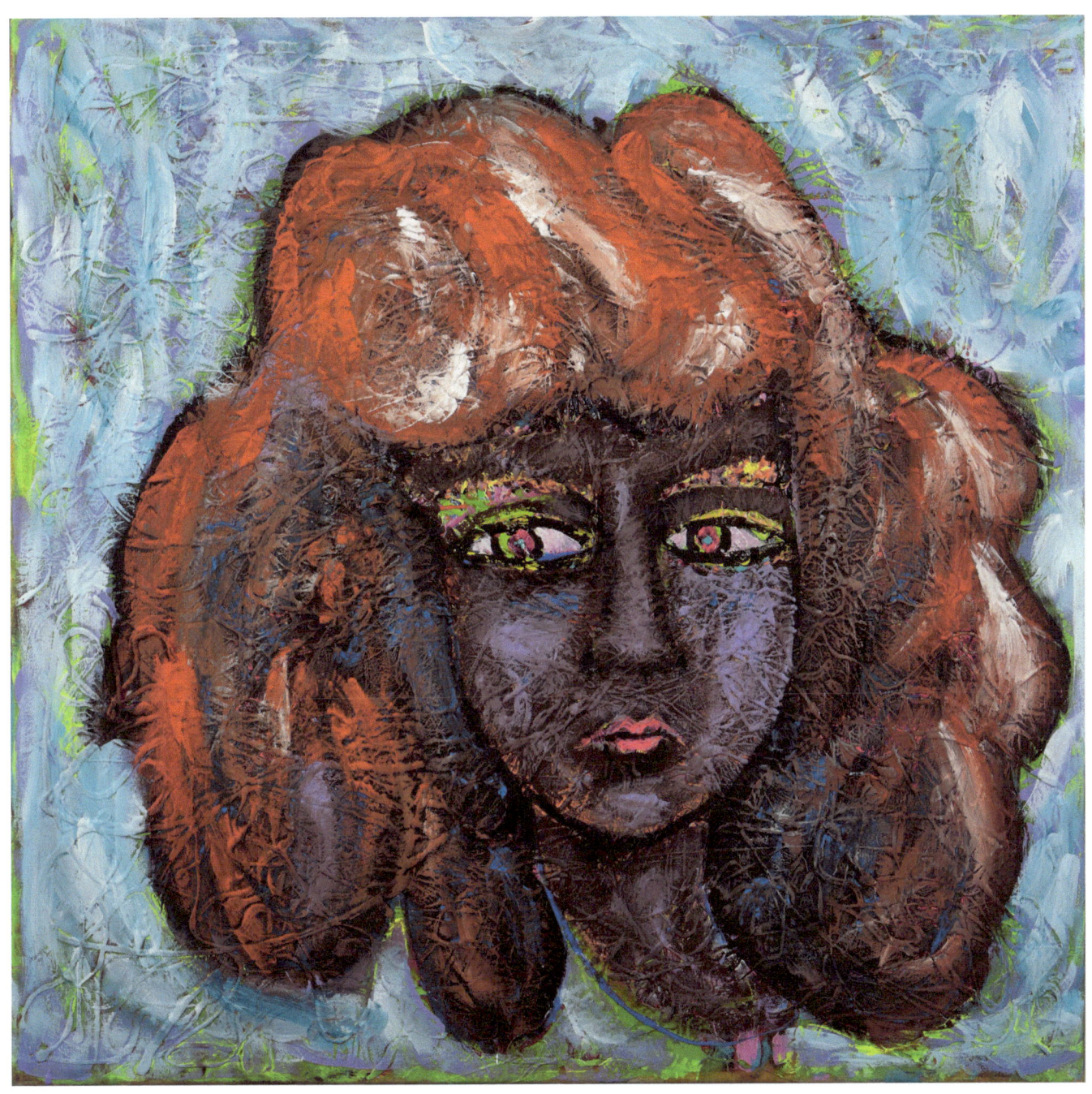

3) 90 x 90 cm, Acryl, Gouache, Öl und Pigmente auf Leinwand.

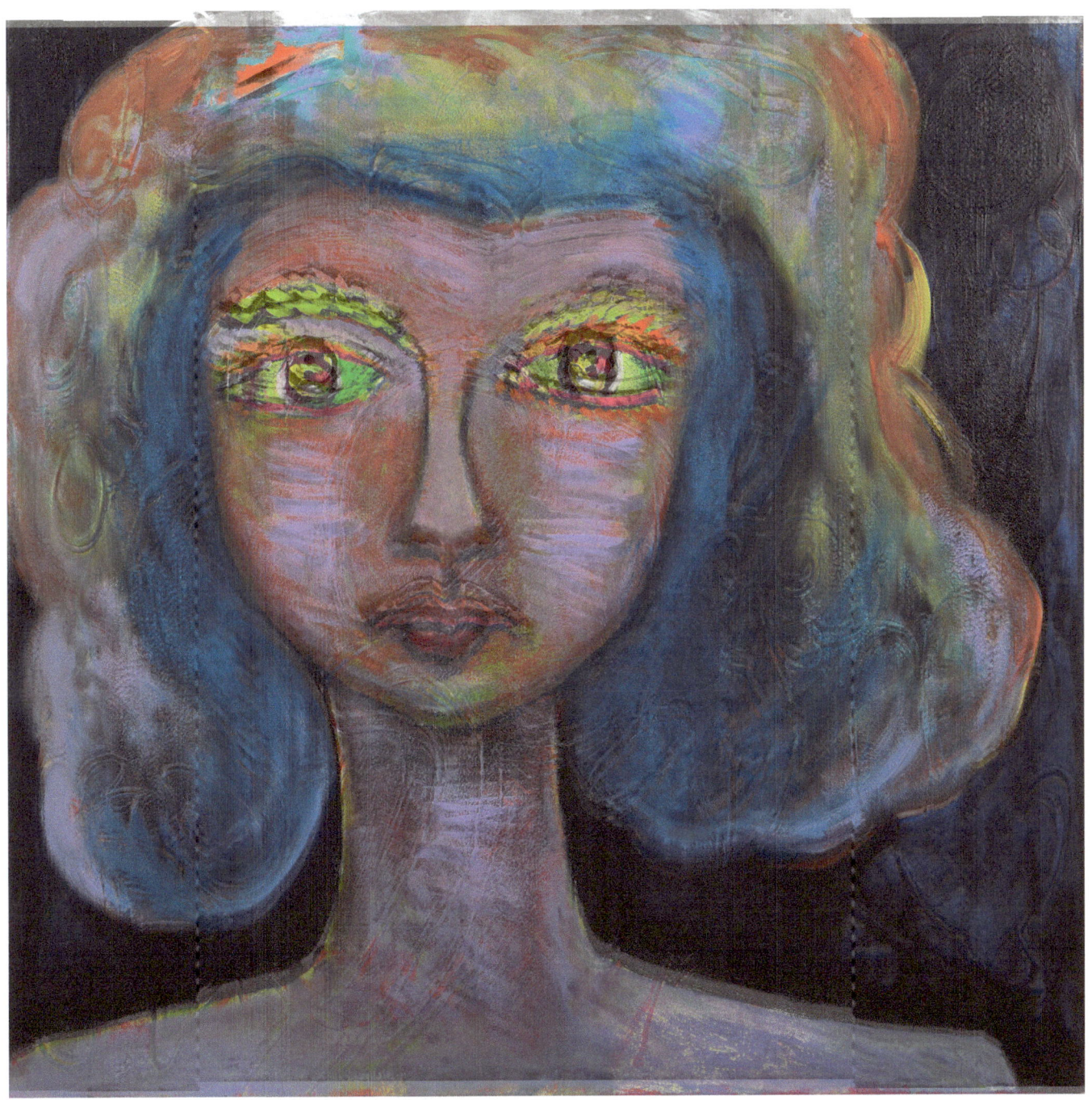

4) 80 x 80 cm, Acryl, Gouache, Öl auf Leinwand.

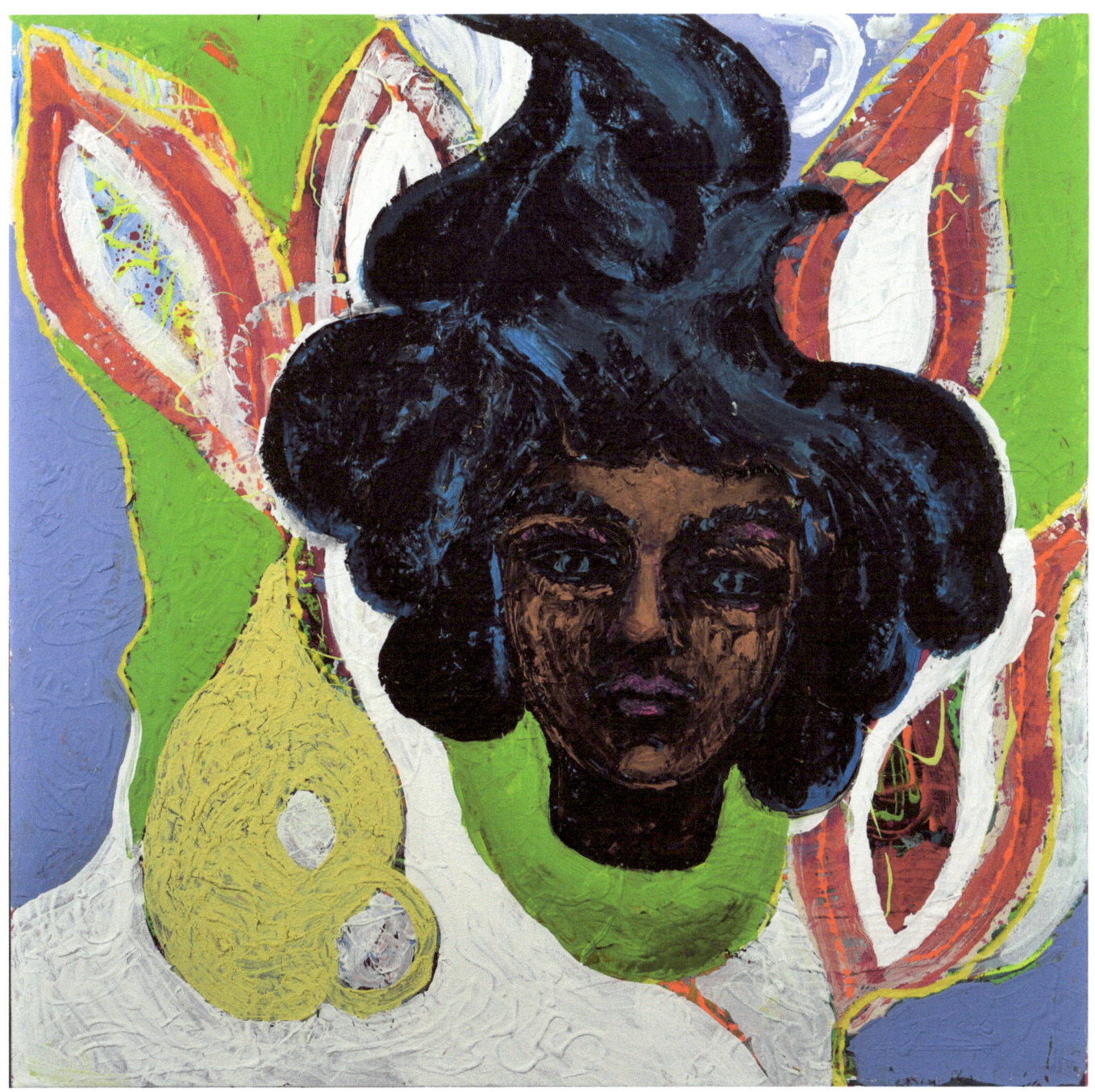

5) 90 x 90 cm, Acryl, Gouache, Tinte und Pigmente auf Leinwand.

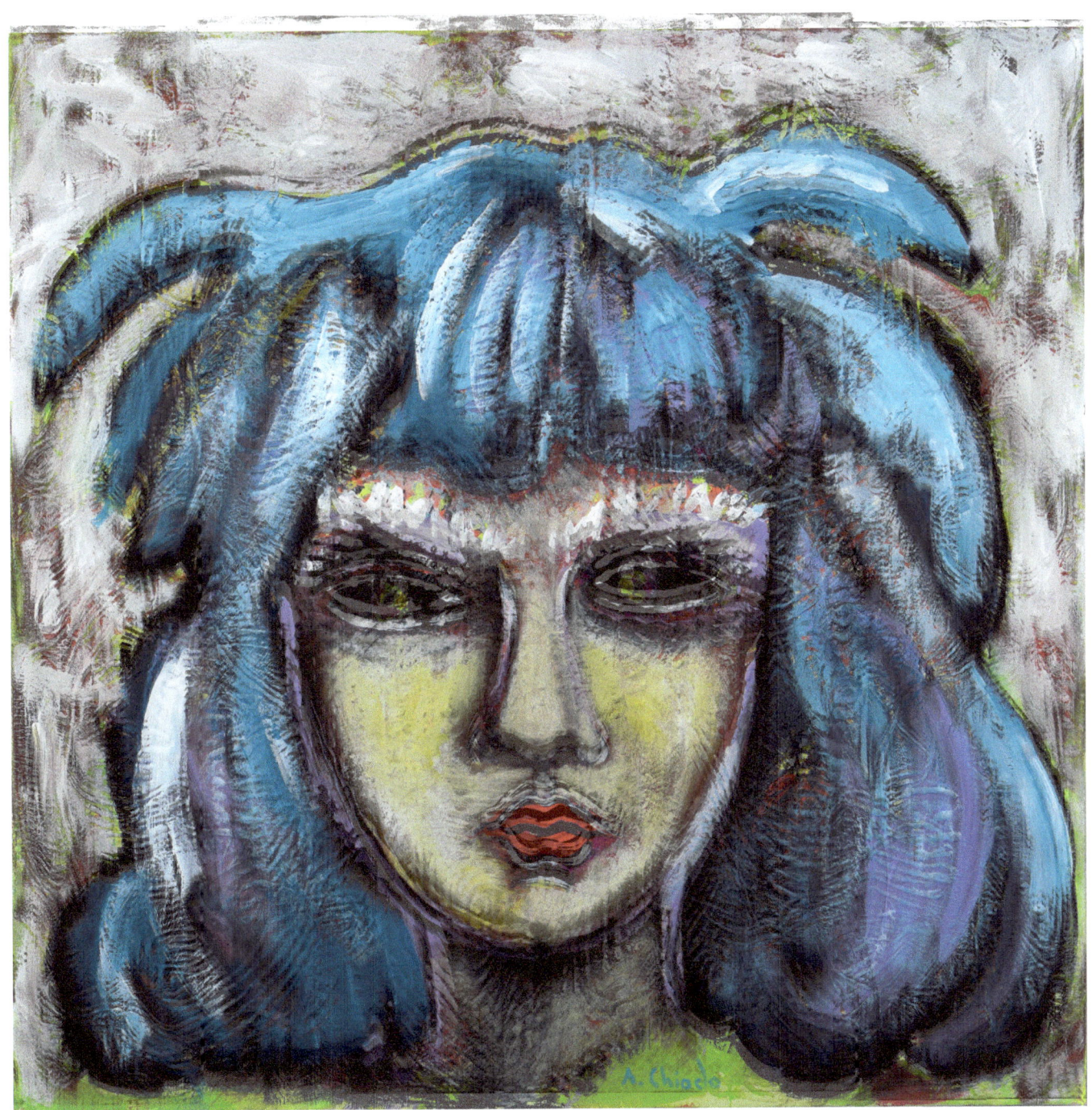

6) 90 x 90 cm, Acryl und Gouache auf Leinwand.

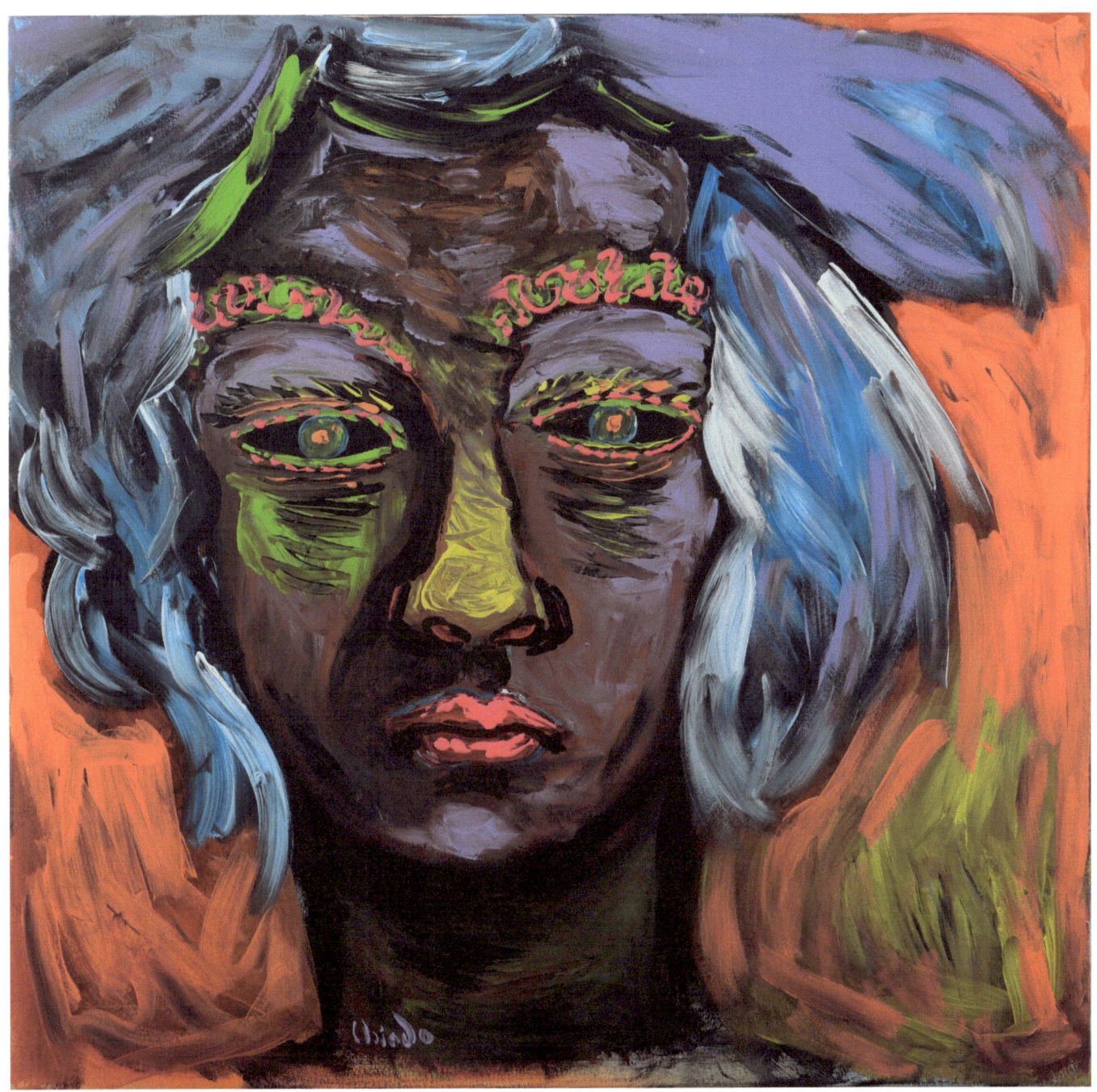

7) 90 x 90 cm, Acryl, Gouache, Pigmente, Tinte, Gewebe, Papier und andere Materialien auf Leinwand.

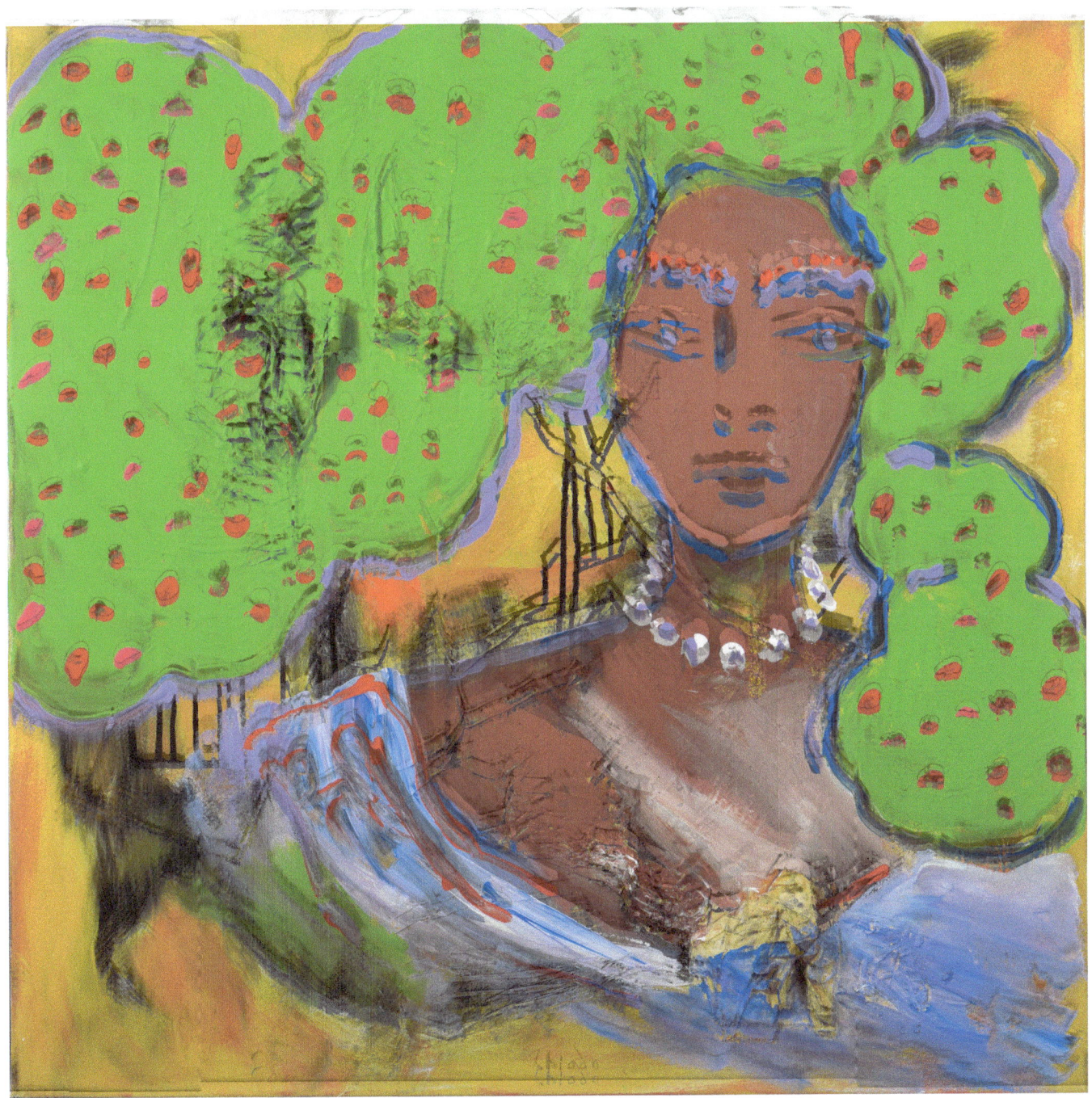

8) 90 x 90 cm, Acryl, Gouache, Pigmente, Tinte, Gewebe, Papier und andere Materialien auf Leinwand.

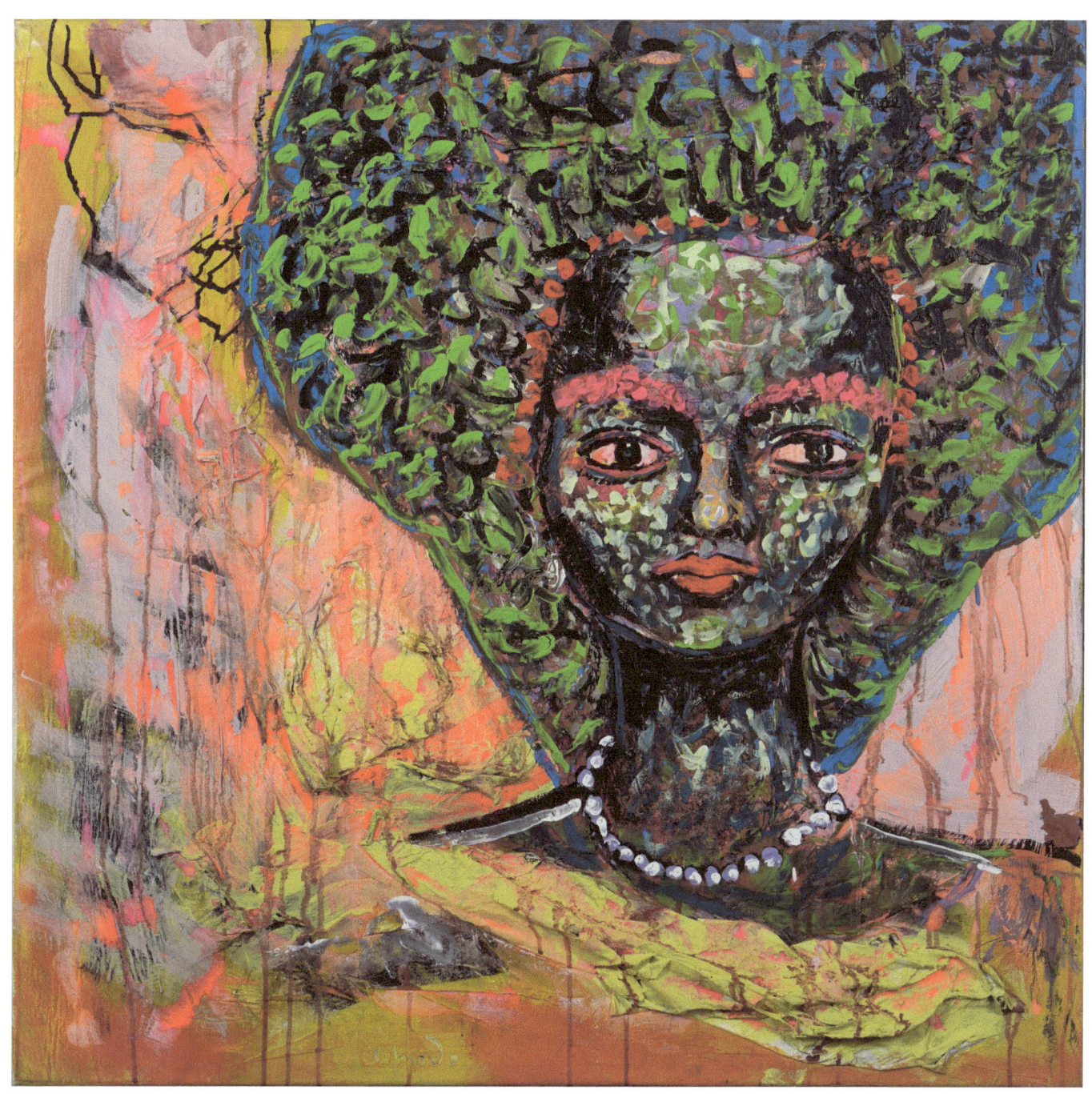

9) 90 x 90 cm, Acryl, Gouache, Pigmente, Öl, Sand und andere Materialien auf Leinwand.

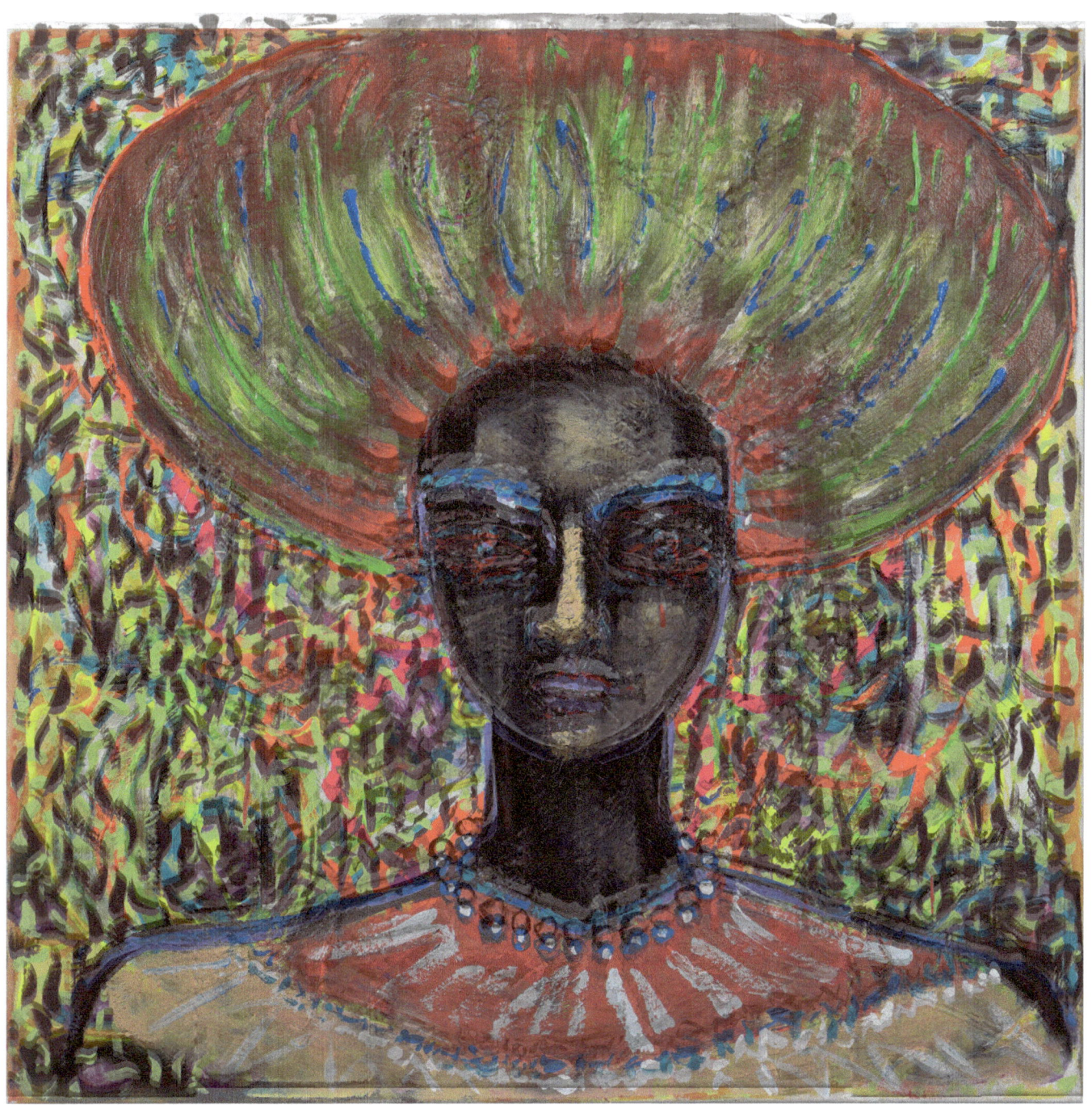

10) 90 x 90 cm, Acryl, Gouache, Pigmente, Öl, Sand und andere Materialien auf Leinwand.

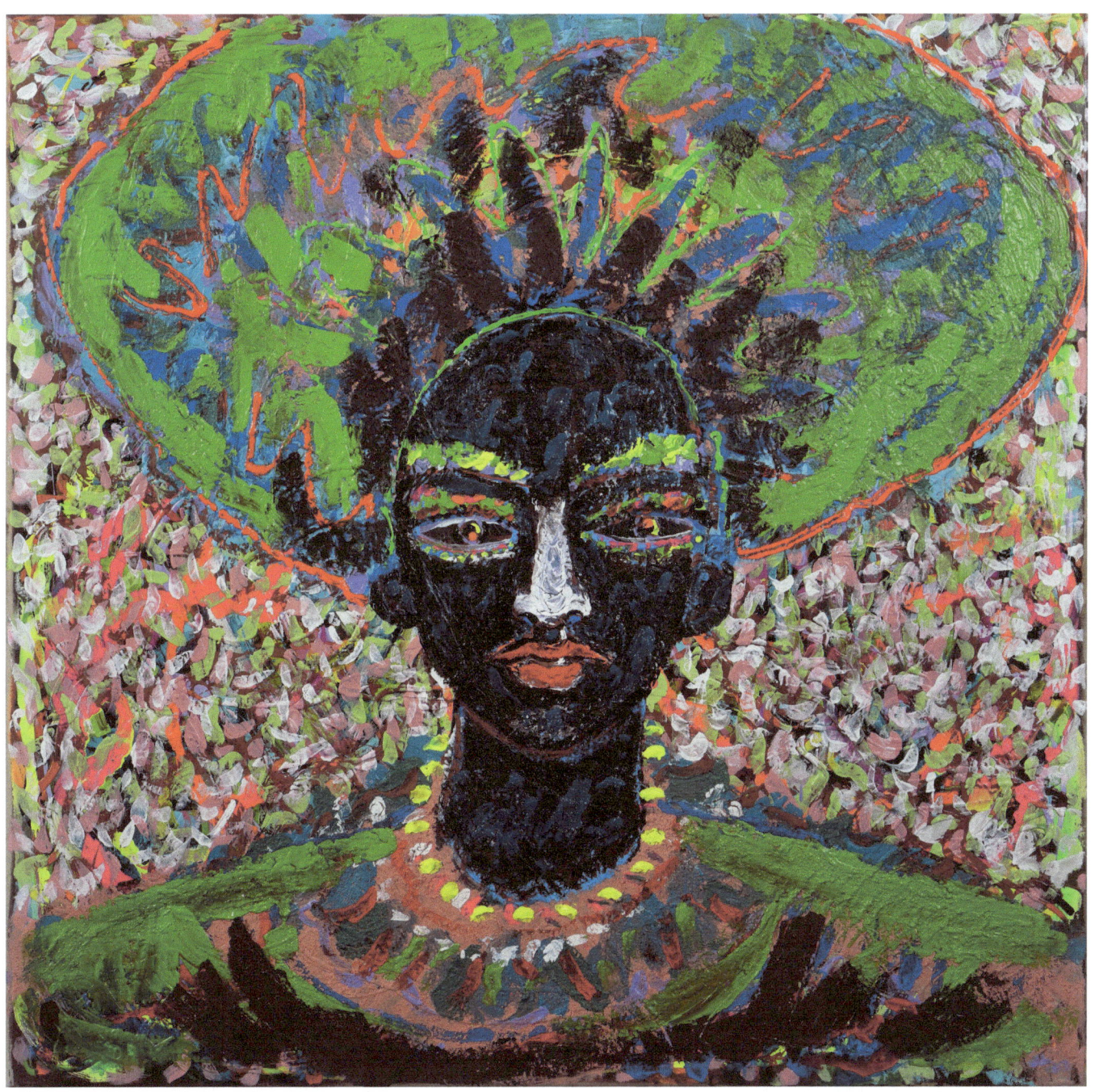

11) 90 x 90 cm, Acryl, Pigmente, Öl und andere Materialien auf Jutegewebe:

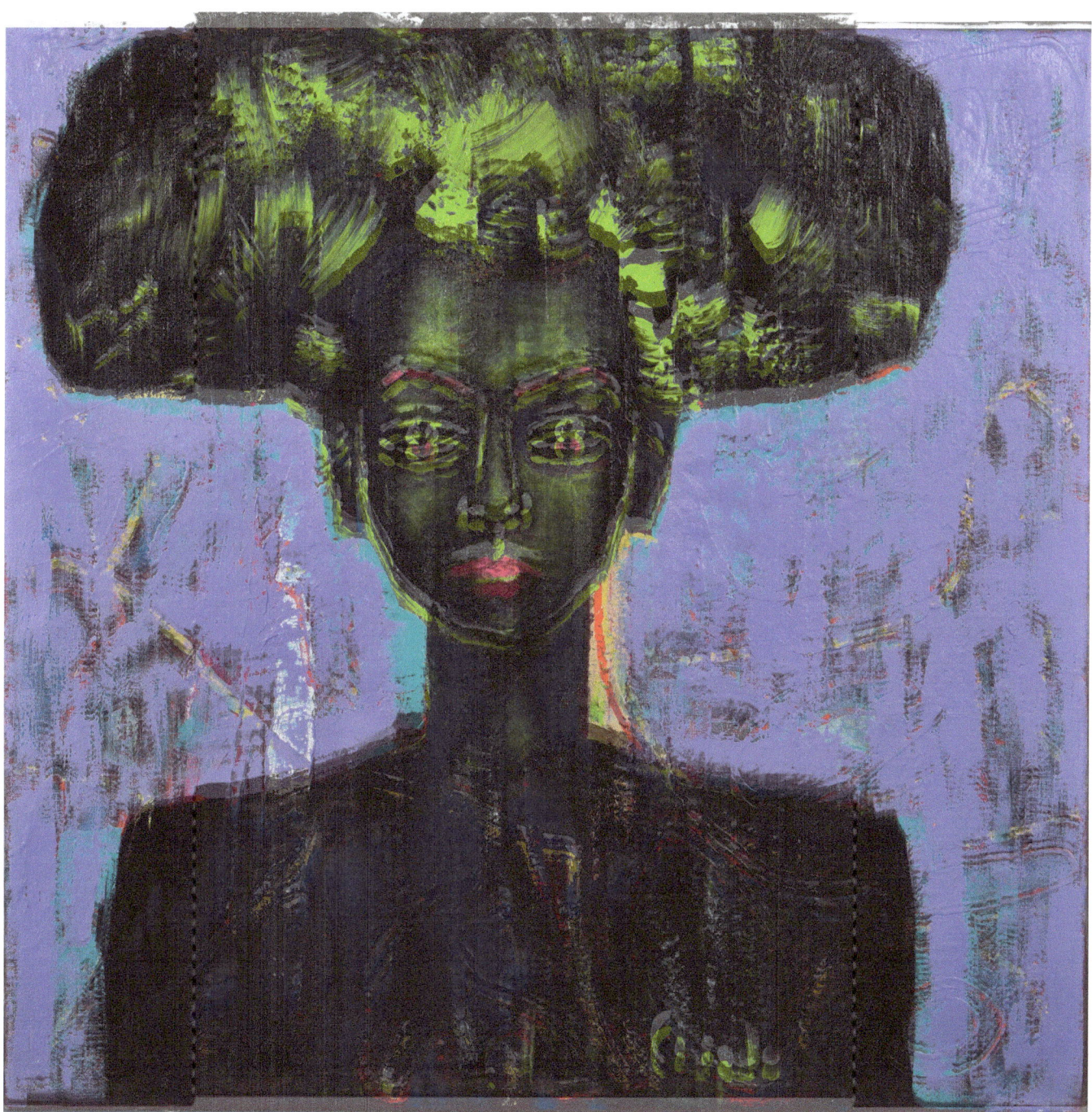

12) 90 x 90 cm, Acryl, Gouache, Pigmente und andere Materialien auf Leinwand.

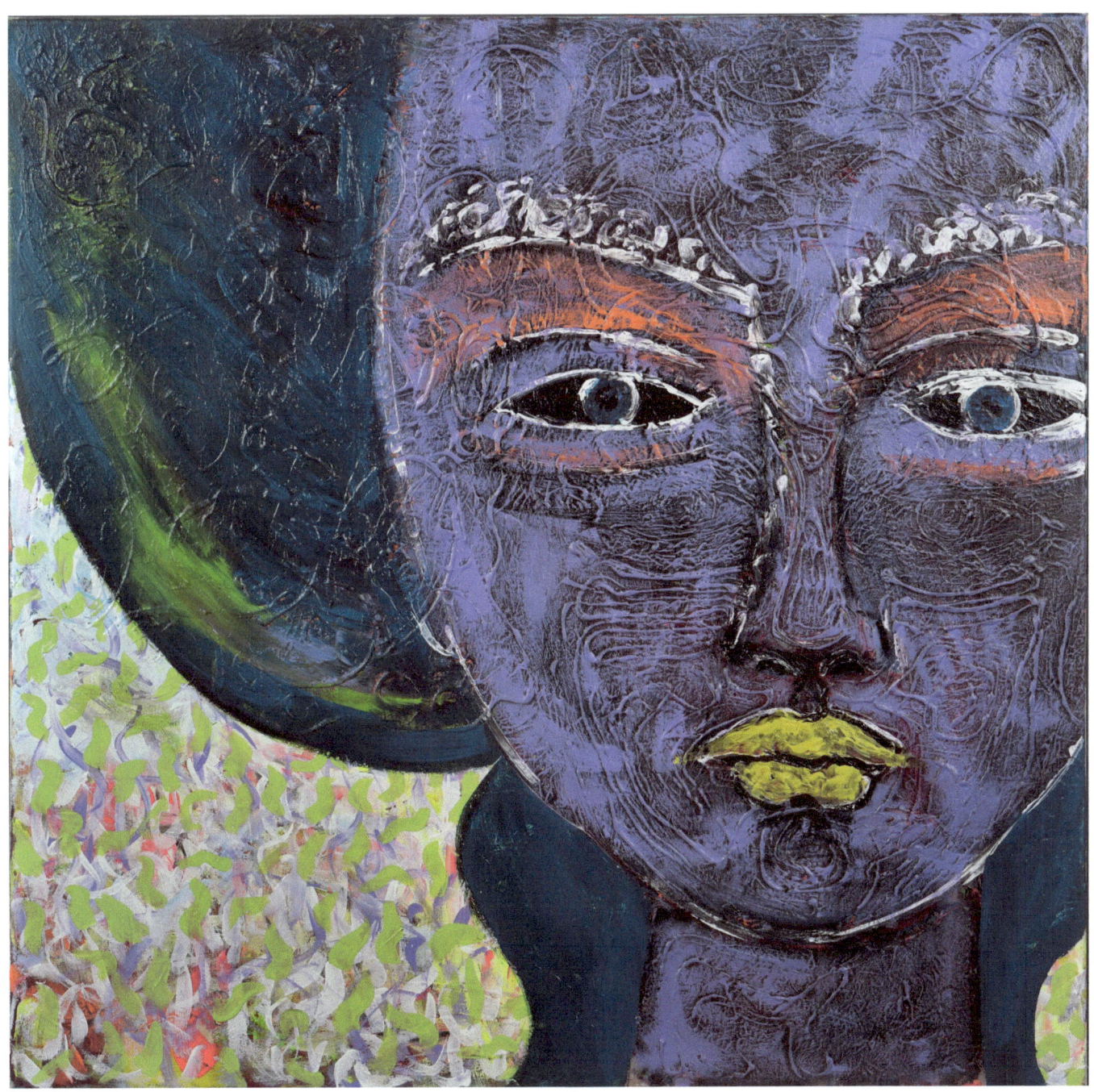

13) 80 × 80 cm, Acryl, Pigmente, Öl und andere Materialien auf Leinwand.

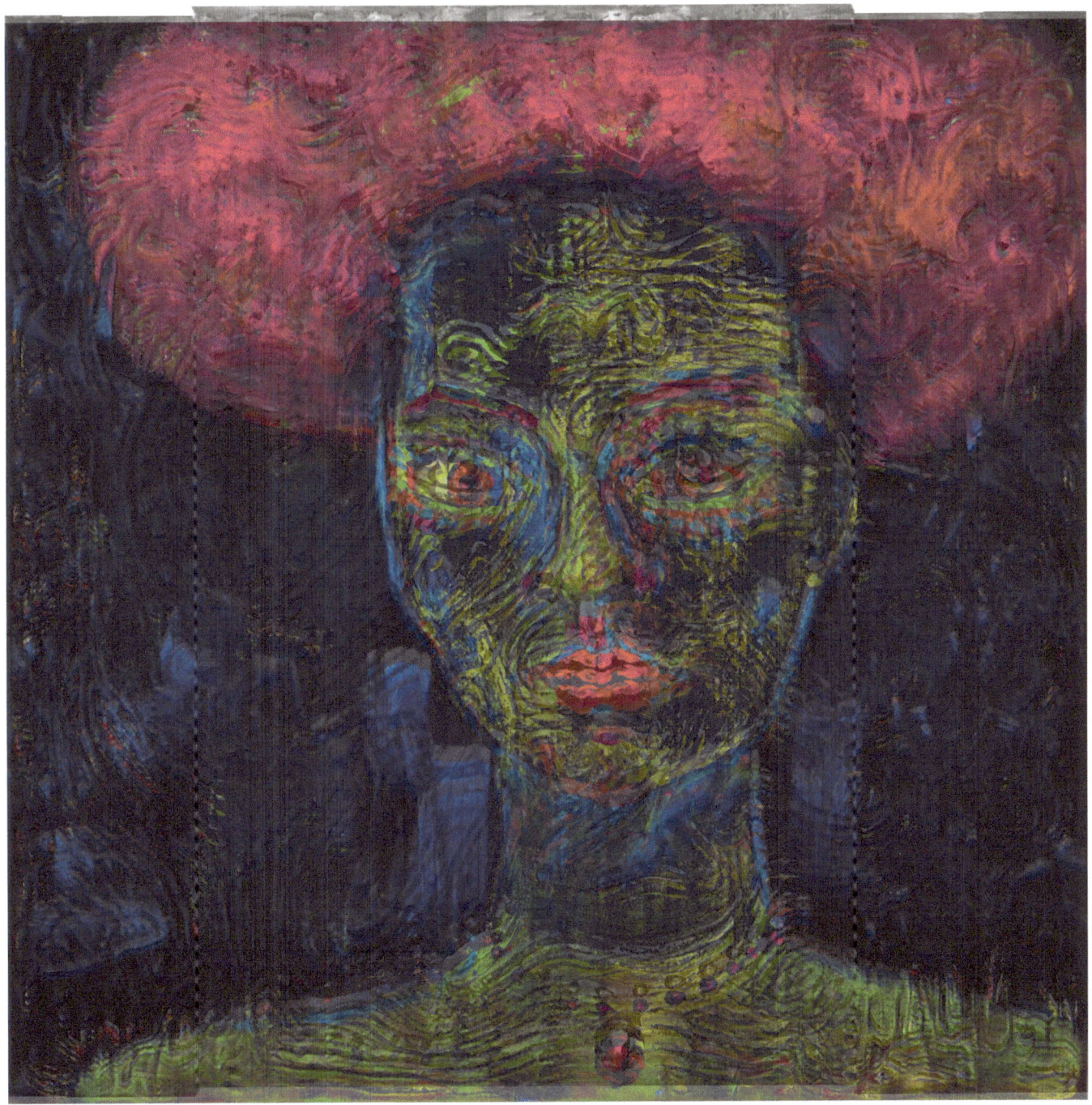

14) 85 x 85 cm, Acryl, Gouache, Pigmente, Öl, Papier und andere Materialien auf Leinwand.

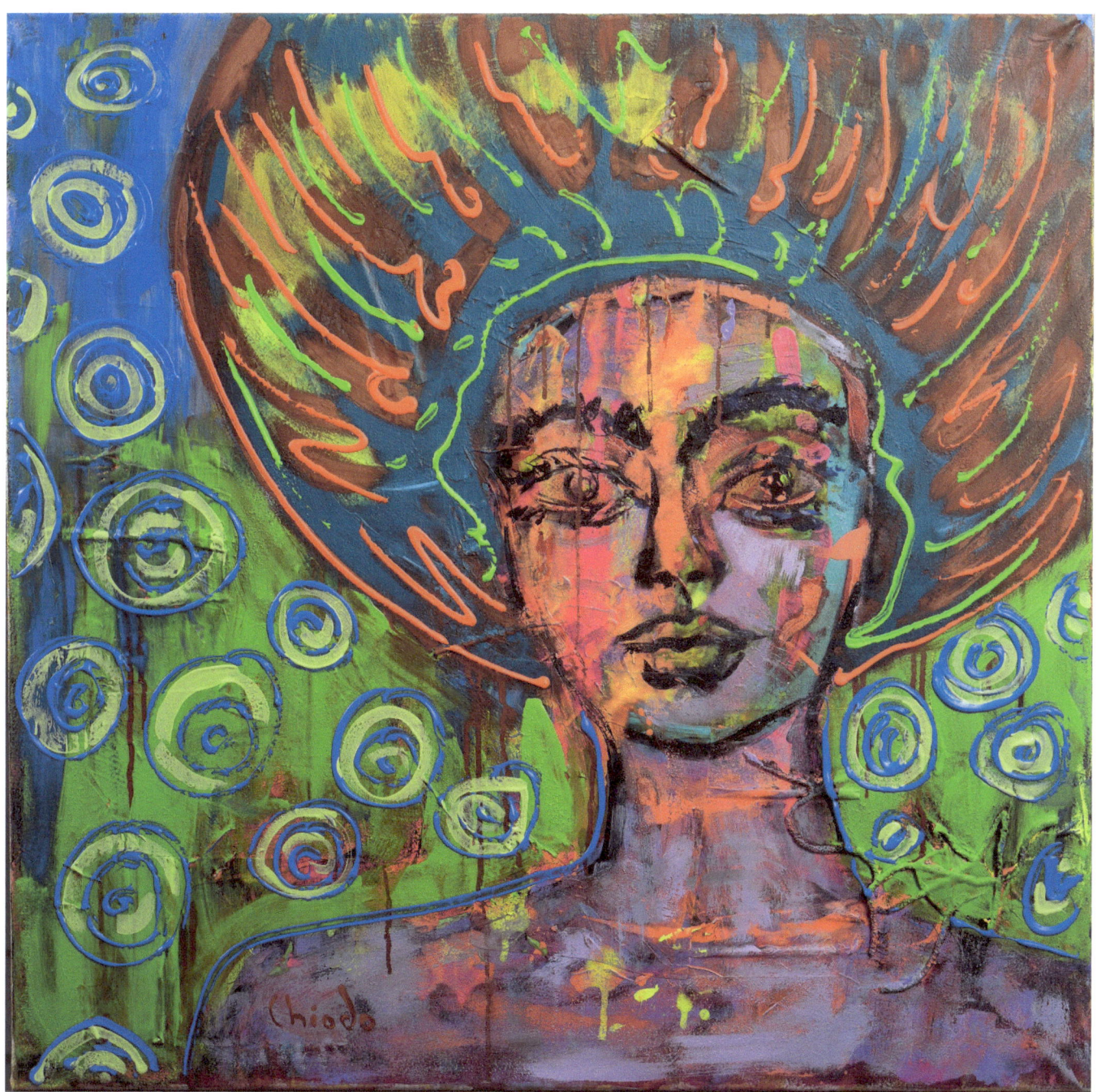

15) 80 x 80 cm, Öl, Acryl, Gouache, Pigmente und andere Materialien auf Leinwand.

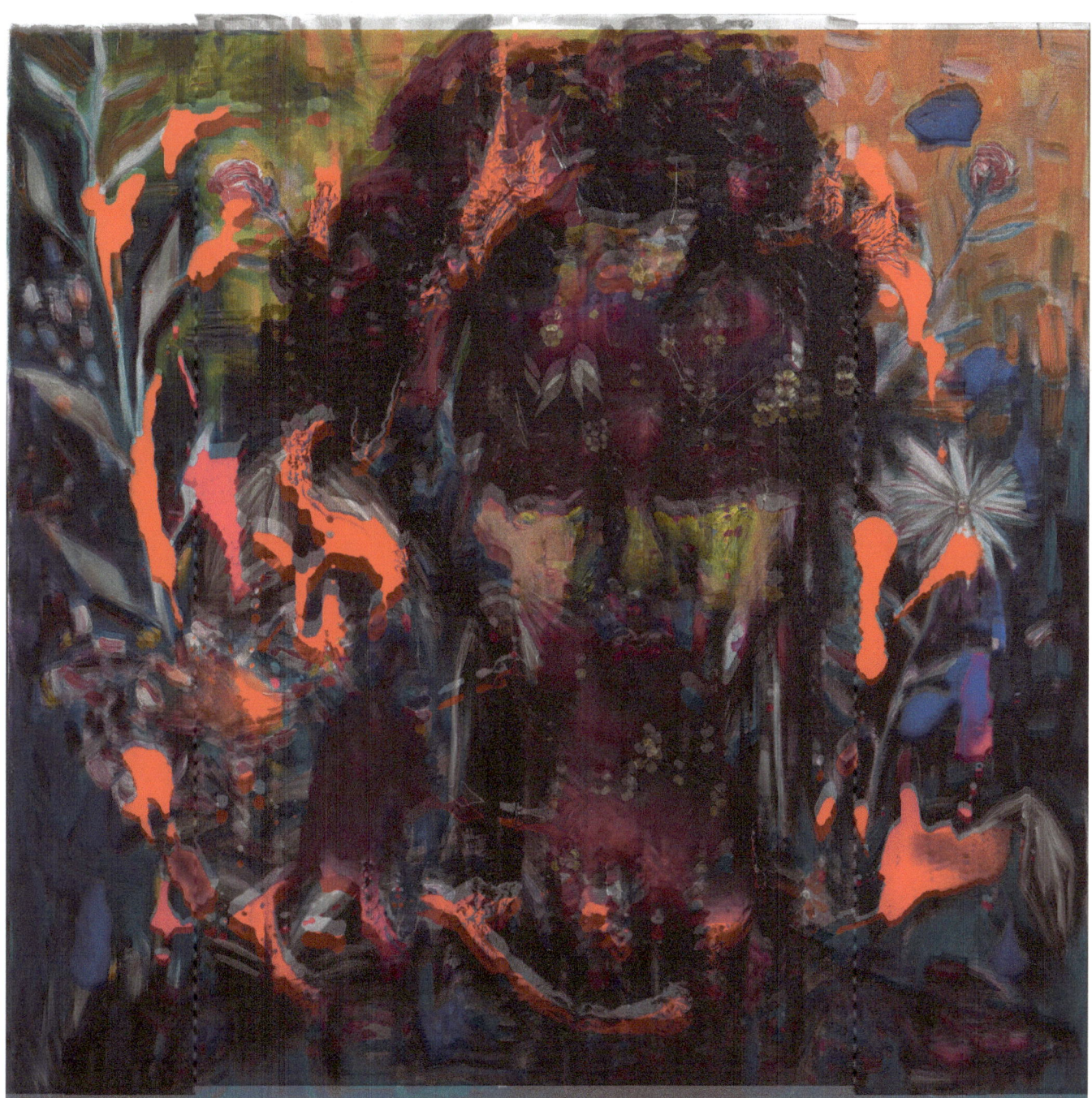

URHEBERRECHTE

Alle Rechte vorbehalten. Diese Publikation einschließlich aller Teile ist urheberrechtlich geschützt.
Jede Verwertung außerhalb des Urheberrechtsgesetztes ist ohne Zustimmung der Herausgeber unzulässig und strafbar.

© für die Werke von Alessandro Chiodo: VG Bild-Kunst, Bonn 2019.

Informationen über den Künstler finden Sie hier: www.alessandro-chiodo.de

www.ingramcontent.com/pod-product-compliance
Lightning Source LLC
Chambersburg PA
CBHW051928210526
45473CB00006B/2176